# PES
## La percepción extrasensorial

MARYSA STORM

BLACK RABBIT BOOKS

Bolt es una publicación de Black Rabbit Books
P.O. Box 227, Mankato, Minnesota, 56002.
www.blackrabbitbooks.com
Copyright © 2021 Black Rabbit Books

Michael Sellner, diseñador del interior;
Grant Gould, diseñador de producción;
Omay Ayres, investigación fotográfica
Traducción de Travod, www.travod.com

**Información del catálogo de publicaciones de la biblioteca del congreso**
Names: Storm, Marysa, author.
Title: Percepción extrasensorial / Marysa Storm.
Other titles: ESP. Spanish
Description: Mankato, Minnesota : Black Rabbit Books, [2021] | Series: Bolt Jr., un poco espeluznante | Includes bibliographical references and index. | Audience: Ages 6-8 | Audience: Grades K-1 | Summary: "Invites readers to investigate stories about ESP through engaging text, vibrant imagery, and clear, simple graphics"— Provided by publisher.
Identifiers: LCCN 2019055502 (print) | LCCN 2019055503 (ebook) | ISBN 9781623105303 (library binding) | ISBN 9781644664728 (paperback) | ISBN 9781623105365 (ebook)
Subjects: LCSH: Extrasensory perception—Juvenile literature.
Classification: LCC BF1321 .S8718 2021  (print) | LCC BF1321  (ebook) | DDC 133.8—dc23

Impreso en los Estados Unidos de América

**Créditos de las imágenes**
Alamy: Hi-Story, 5; Dreamstime: Oksana Kurnosov, 17; Rolffimages, 10–11; iStock: ecastill0, 11; GeorgePeters, 14–15; Henrik5000, 8–9; iMrSquid, 10; Sergey7777, 1; wacomka, 22–23; Shutterstock: Alex Leo, 3, 24; bannosuke, Cover; Bruce Rolff, 12; CLIPAREA I Custom media, 13; Dzhulbee, 20–21; fizkes, 7; Gorodenkoff, 18–19; Illustration Forest, 6–7; peterschreiber.media, 21; Pixel Embargo, 4

# Contenido

# CAPÍTULO 1

# Una historia escalofriante

En 1898, un hombre escribió un libro, que se trataba de un barco llamado el *Titán*. En el libro, el barco chocó contra un iceberg. El barco se hundió. Años más tarde, zarpó el *Titanic*. El gran barco chocó contra un iceberg. ¡Luego se hundió! ¿El hombre lo **predijo**?

**predecir:** decir que algo sucederá en el futuro

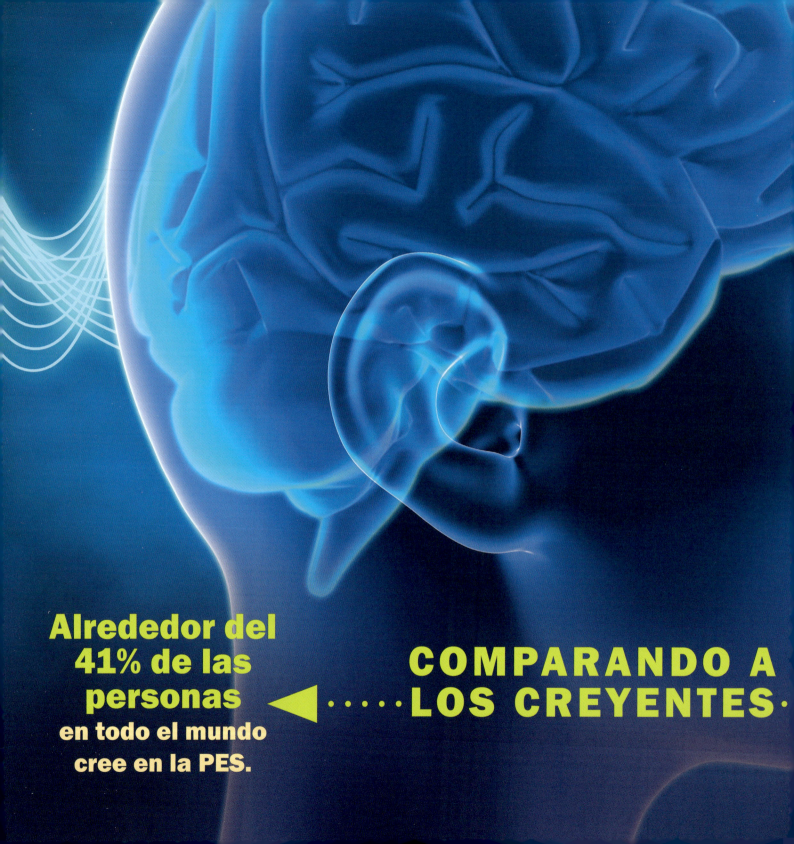

**Alrededor del 41% de las personas** en todo el mundo cree en la PES.

**COMPARANDO A LOS CREYENTES**

## ¿Qué es?

Muchas historias hablan de personas que ven el futuro. Estas personas pueden tener una percepción extrasensorial. La percepción extrasensorial es como un poder. Algunas personas dicen que la percepción extrasensorial les permite leer las mentes. Otras dicen que pueden hablar con los muertos.

Alrededor del 59% de las personas en todo el mundo no cree en la PES.

7

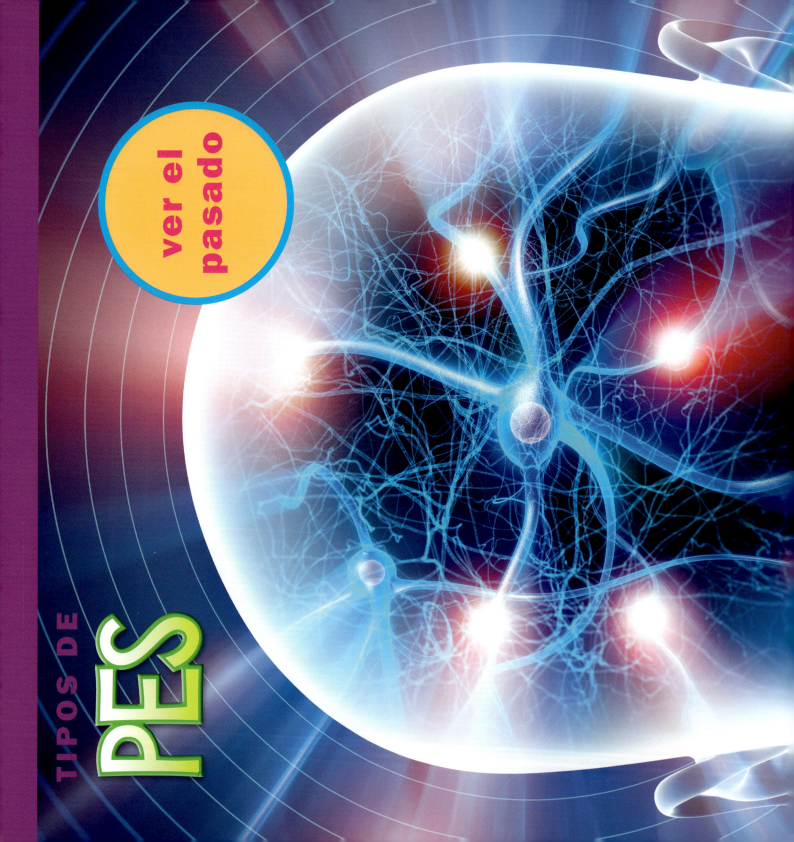

ver el pasado

TIPOS DE

PES

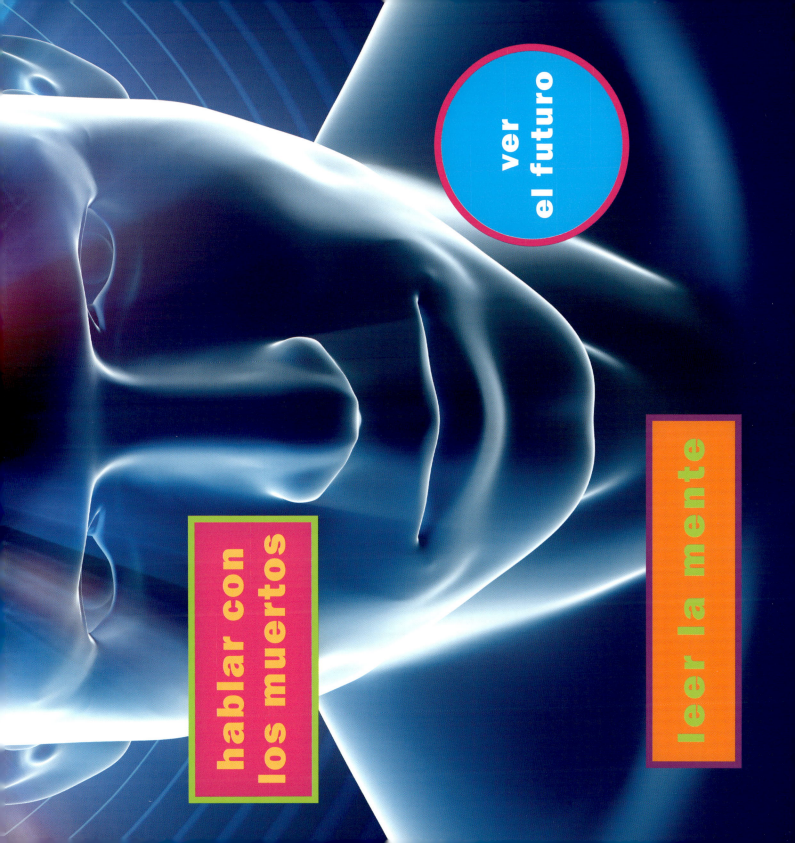

# CAPÍTULO 2

# Historias extrañas

No hay pruebas de que la percepción extrasensorial sea real. Sin embargo, la gente cuenta muchas historias al respecto. Hablan sobre ver el futuro. Ven **desastres** antes de que sucedan. Una madre soñó que cayó una luz sobre su bebé. Ella corrió al bebé. Más tarde, la luz se cayó.

**desastre:** algo que sucede repentinamente y causa mucho sufrimiento o pérdida a muchas personas

HECHO

Un niño vio una vez un choque de trenes antes de que sucediera.

11

## Ayudar a otros

Los creyentes dicen que la PES puede ser útil. Dicen que la gente la ha usado para resolver **crímenes**. Algunas personas ayudaron a atrapar a los tipos malos.

**crimen: actividad que es ilegal**

13

# CAPÍTULO 3

# Estudio de las historias

No todos creen en la percepción extrasensorial. Dicen que la gente finge tener el poder. Algunos han inventado historias para obtener dinero.

**HECHO**

Algunos dicen que hay quienes fingen tenerla para llamar la atención.

# Grupos en los E.E.U.U que buscan pruebas

**Grupo de Investigaciones Independientes** Recompensa de $100,000 por demostrar que la PES es real

California

Texas

Escépticos del norte de Texas
Recompensa de $12.000 por demostrar que la PES es real

Fundación Educativa James Randi Recompensa de $1.000.000 por demostrar que la PES es real

Florida

17

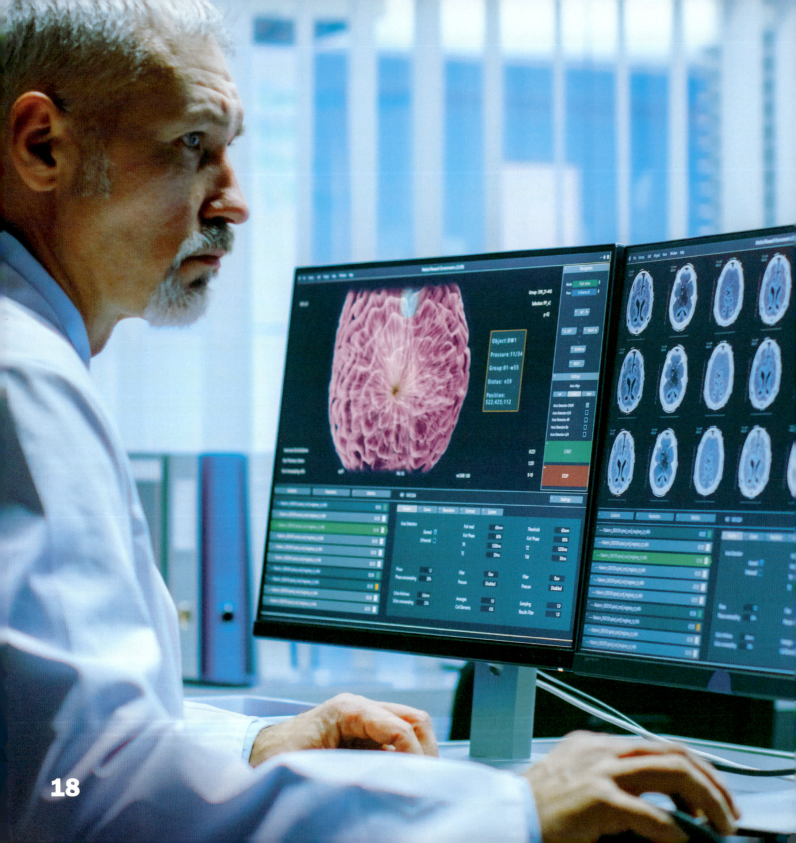

## ¿De verdad?

Hay personas que han estudiado la PES. Le han pedido a la gente que la use durante las pruebas. Nadie ha podido hacerlo. Sin embargo, algunas historias son difíciles de explicar. ¿Podría la PES ser real?

◄ · · · · · · **Solo alrededor del cuatro por ciento de los científicos creen en la PES.**

# Información extra

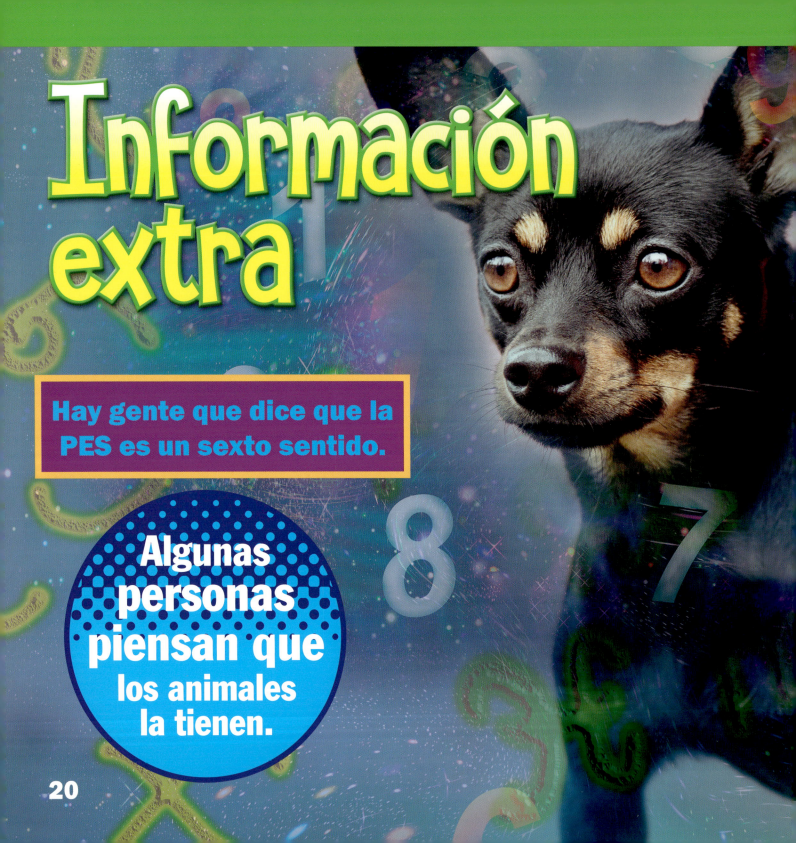

Hay gente que dice que la PES es un sexto sentido.

Algunas personas piensan que los animales la tienen.

Son más las personas que creen en la PES que las que creen en las brujas.

La cantidad de mujeres que dicen que han tenido **una experiencia psíquica** es mayor que la cantidad de hombres.

**psíquico:** describe extraños poderes y habilidades mentales

21

# GLOSARIO

**crimen:** actividad que es ilegal

**desastre:** algo que sucede repentinamente y causa mucho sufrimiento o pérdida a muchas personas

**predecir:** decir que algo sucederá en el futuro

**psíquico:** describe extraños poderes y habilidades mentales

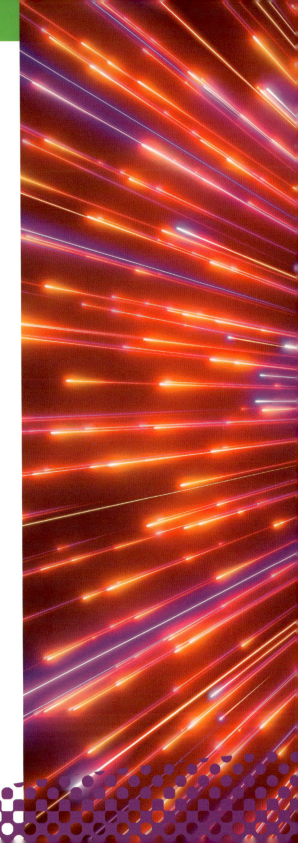

# ÍNDICE